Карманная к[...]
моей [...]
Со словарем специй и круп

My Grandma's Pocket Cookbook
With Vocabulary of Spices and Grains

Recepies in English and Russian
by Svetlana Bagdasaryan and Eliza Garibian

В этой книге собраны наши любимые рецепты Армянской, Русской и Грузинской кухни. Они несложные, а блюда, приготовленные по этим рецептам очень нравятся нашим семьям и друзьям.

Приятного аппетита.

In this book we collected our favorite recipes from Armenia, Russia, Georgia, Ukraine. They are not difficult and our families and friends just love dishes prepared based on them.

Enjoy the food.

Содержание

Contents

Супы
Soups

1 фунт говядины
1/2 галлона воды
1 луковица
4 средних картофелины
1 маленький кочан капусты
3 столовые ложки каперсов
25-30 ягод зелёной алычи
5-6 веточек укропа
1/2 пучка петрушки
соль, перец по вкусу

Положить в кастрюлю с водой нарезанное на кусочки мясо, приготовить бульон, посолить.

Добавить в бульон картошку, нарезанную кубиками и мелко нарезанный лук. Когда картошка свариться, добавить порубленную капусту, мякоть алычи и каперсы. После закипания варить 5 минут. В конце добавить нарезанную зелень.

Примечание: Чтобы косточки легко отделялись, алычу можно предварительно сварить в небольшом количестве воды. Сваренную алычу можно также заморозить на случай, если вы захотите сварить этот суп зимой.

1 pound of beef
1/2 liter of water
1 onion
4 medium sized potatoes
1 small head of cabbage
3 tablespoons of capers
25-30 berries of unripe cherry plums
5-6 stems of dill
1/2 bunch of parsley
salt and pepper to taste

Put the meat cut into pieces in a pan with water, cook the broth, salt it.

Add to the broth sliced in cubes potatoes and chopped onion. When potatoes are ready, add chopped cabbage, pulp of cherry plums and capers. After boiling, cook for 5 minutes. In the end, add chopped greens.

Note: To easily detach the seeds, you can cook cherry plums beforehand in a small amount of water. You can also freeze boiled sour plums if you want to prepare this soup in winter.

3/4 стакана ячменя/пшена или риса
4 стакана простого йогурта
4 стакана воды
2 столовые ложки муки
1 яйцо
1 чайная ложка сухой мяты
1 чайная ложка сухой кинзы
соль по вкусу

Отварить пшеничную (или ячменную) крупу в небольшом количестве воды до готовности. Вместо крупы можно также использовать рис.

В кастрюле взбить яйцо, муку и йогурт. Добавить холодной воды, размешать и поставить кастрюлю на небольшой огонь. Постоянно размешивая, довести до кипения. Добавить варенную крупу со своим отваром, зелень и довести до кипения.

Важный момент: необходимо непрерывно мешать спас, пока не закипит, иначе он свернётся.

Подавая, в тарелку можно добавить мелко нарезанный жаренный лук.

3/4 cup of pearl barley/wheat or rice
4 cups of plain yogurt
4 cups of water
2 tablespoons of flour
1 egg
1 teaspoon of dried mint
1 teaspoon of dried cilantro
salt to taste

Boil pearl wheat (or barley) in a small amount of water until tender. You can also use rice instead.

In the pot beat the egg, flour and yogurt. Add cold water, mix it and put on the stove over medium heat. Continuously mixing, bring it to a boil. Add boiled grain with its decoction, herbs and bring to a boil.

An important point: you have to continuously stir spas until it boils, otherwise it will curdle.

When serving, you can add finely diced fried onion flakes to each plate.

2 фунта говядины
4/5 галлона воды
2 средних свеклы, 2 средних картофелины
1 средний кочан капусты, 1 морковь, 1 луковица
1 столовая ложка оливкового масла
2 столовые ложки томатной пасты (или соуса)
2 зубчика чеснока, 1 лавровый лист
1/2 пучка петрушки
соль, перец по вкусу

В большой кастрюле обжарить слегка мясо, а затем добавить воды и отварить его с лавровым листом до готовности. Посолить и поперчить бульон. Нарезать лук, чеснок, петрушку и капусту. Натереть на терке морковь и картофель. Промытую свеклу положить в маленькую кастрюлю, залить водой и варить до готовности.

В большой сковороде на оливковом масле обжарить нарезанный лук, морковь, петрушку и чеснок. Добавить томатную пасту и немного бульона. Хорошо смешать, добавить нарезанную капусту, (бульон, по необходимости) и тушить на медленном огне 25 минут. Добавить натертую картошку. Потушить еще 5 минут. Очистить и натереть заранее сваренную свеклу.

Переложить все овощи в кастрюлю с мясом и бульоном. Добавить красную жидкость оставшуюся от варки свеклы. Довести борщ до кипения, посолить и поперчить по вкусу. Подавая, в каждую тарелку добавить сметаны.

2 pounds of beef
4/5 gallon of water
2 medium size beets, 2 medium size potatoes
1 medium cabbage, 1 carrot, 1 onion
1 tablespoon of olive oil
2 tablespoon of tomato paste (or sauce)
2 cloves of garlic,1 bay leaf
1/2 bunch of parsley
salt, pepper to taste

In a big pot lightly fry meat and then add water and boil it with bay leaf until tender. Salt and pepper the broth. Dice onions, garlic, parsley, cabbage. Grate on grater carrots and potatoes. Put washed beats in a small pan, add water and boil them until they are ready.

In a big frying pan, sauté in olive oil diced onions, carrots, parsley and garlic. Add tomato paste and a little bit of meat broth. Mix well, add diced cabbage, (more broth if necessary) and stew for 25 minutes. Add grated potatoes. Stew for 5 more minutes. Clean and grate previously boiled beats.

Transfer all vegetables in the pot with meat and broth. Add red liquid left from boiling beats. Bring borsh to a boil, salt and pepper to taste. When serving add sour cream to each plate.

2 фунта баранины
4/5 галлона воды
3/4 стакана риса
1 луковица
3 столовые ложки растительного масла
4 столовые ложки томатной пасты
3 зубчика чеснока
1/2 пучка кинзы
1/3 чайной ложки хмели-сунели
1/3 чайной ложки зиры
соль, перец по вкусу

Нарезанную на кусочки баранину слегка обжарить на растительном масле с добавлением зиры на большом огне. Добавить воду и отварить. Посолить по вкусу.

Пассеровать мелко нарезанный лук, добавить томатную пасту. Выложить в бульон. Добавить рис, хмели-сунели. Варить до готовности риса. В конце добавить давленный чеснок, перец и кинзу.

Kharcho from Lamb

2 pounds of lamb meat
4/5 gallon of water
3/4 cup of rice
1 onion
3 table spoons of vegetable oil
4 tablespoons of tomato paste
3 cloves of garlic
1/2 bunch of cilantro
1/3 teaspoon of khmeli-suneli
1/3 teaspoon of cumin
salt, pepper to taste

Over high heat, in vegetable oil with cumin, lightly fry cut into small pieces lamb. Add water and boil. Salt to taste.

Sauté finely chopped onions, add tomato paste. Transfer it to the broth. Add rice, khmeli-suneli. Boil until rice is cooked. In the end, add crushed garlic, pepper and cilantro.

1 фунт куриного филе
1 стакан тертого сыра моцарела
3 отварных яйца
1/2 стакана нарезанного миндаля
1/2 фунта винограда
1/2 стакана майонеза (или по вкусу)
4 столовые ложки растительного масла
соль, перец по вкусу

Филе мелко порезать, посолить, поперчить, обжарить в масле до готовности и остудить. Мелко нарезать яйца. Виноград порезать на половинки.

Смешать куриное филе, яйца, миндаль, сыр, майонез. Посолить, поперчить по вкусу.

На блюдо выложить салат и украсить половинками винограда.

Салат поместить в прохладное место на пол часа.

Salad "From Tiffani"

1 pound of chicken fillet
1 cup of grated mozzarella
3 boiled eggs
1/2 cup of cut almonds
1/2 pound of grapes
1/2 cup of mayonnaise (or to taste)
4 tablespoons of vegetable oil
salt, pepper to taste

Finely chop the fillet, add salt and pepper, fry it in oil until tender and then cool it. Finely chop eggs. Cut in halves grapes.

Mix the chicken fillet, eggs, almonds, cheese, mayonnaise. Salt and pepper to taste.

Lay salad on a platter and garnish it with grape halves.

Place salad in a cool place for half an hour.

1 банка нарезанных консервированных ананасов
1/2 стакана тертого сыра моцарела
1/2 стакана измельченных грецких орехов
2-3 зубчика чеснока
1/2 стакана зерен граната
1/2 стакана майонеза (или по вкусу)
соль, перец по вкусу

Смешать ананасы, сыр, орехи, выдавить чеснок и посолить, поперчить по вкусу.

Заправить майонезом.

Переложить в салатник и украсить зернами граната.

Если нет граната, то будет вкусно и без него.

1 can of cut preserved pineapples
1/2 cup of grated mozzarella
1/2 cup of chopped walnuts
2-3 cloves garlic
1/2 cup of pomegranate seeds
1/2 cup of mayonnaise (or to taste)
salt, pepper to taste

Mix pineapple, cheese, nuts, squeeze garlic and salt and pepper to taste.
Add mayonnaise dressing.
Transfer to a salad bowl and garnish with pomegranate seeds.
If there is no pomegranate, it will be delicious without it too.

1 фунт капусты
4-5 веточек мяты
1 стакан замороженного зеленого горошка
1/2 стакана майонеза (или по вкусу)
соль, перец по вкусу

Замороженный зеленый горошек залить кипятком. Через 5 минут слить воду. Капусту мелко нарубить. Нарезать мяту.

Смешать капусту, зеленый горошек, мяту, майонез. Посолить, поперчить.

1 pound of cabbage
4-5 branches of mint
1 cup of frozen green peas
1/2 cup of mayonnaise (or to taste)
salt, pepper to taste

Pour boiling water on frozen green peas. After 5 minutes, drain the water. Finely chop the cabbage. Chop mint.

Mix cabbage, green peas, mint, mayonnaise. Salt and pepper.

Запеканка из куриного фарша с яблоками

2 фунта куриного фарша
4 зеленых яблока
1 луковица
3-4 столовые ложки муки
4 столовые ложки растительного масла
1/2 пучка укропа
соль, перец по вкусу

Лук порезать кубиками, слегка обжарить на растительном масле, добавить муку и дожарить пол минуты. Смешать с фаршем, добавить рубленый укроп, посолить, поперчить и выложить на дно формы, смазанное растительным маслом. Сверху выложить слой тёртых яблок.

Поставить в разогретую до 400 F духовку на минут 30-40.

Ground Chicken Casserole with Apples

2 pounds of ground chicken
4 green apples
1 onion
3-4 tablespoons of flour
4 tablespoons of vegetable oil
1/2 bunch of dill
salt, pepper to taste

Dice onions in cubes, lightly fry them in vegetable oil, add flour and fry for half a minute more. Mix with minced meat, add chopped dill, salt and pepper and put on the bottom of the greased form. Top with a layer of grated apples.
Bake in an oven at 400 F for 30-40 minutes.

Телятина с черносливом

2 фунта филе телятины
1 фунт чернослива без косточек
2 белые луковицы
4 столовые ложки растительного масла
соль, перец по вкусу

Телятину нарезать небольшими кусочками, немного потушить в кастрюле на растительном масле, залить кипятком (чтобы покрыло мясо), добавить мелко нарезанный лук, обжаренный на растительном масле.

Тушить на небольшом огне.

За 20 минут до готовности добавить в блюдо чернослив, соль, перец.

Veal with Dried Plums

2 pounds of veal fillet
1 pound of pitted dried prunes
2 white onions
4 tablespoons of vegetable oil
salt, pepper to taste

Cut veal into small pieces, lightly simmer in a pan with vegetable oil, pour boiling water (to cover the meat), add onions, finely chopped and fried in vegetable oil .
Simmer over low heat.
20 minutes before the dish is ready add prunes, salt, pepper.

2 фунта баранины
2 айвы
2 луковицы
1 стакан сухого красного вина
6-7 столовых ложек томатной пасты
1/2 чайной ложки зиры
1/2 чайной ложки хмели-сунели
4 столовые ложки растительного масла
соль, перец по вкусу

Нарезанную на куски баранину обжарить с зирой на растительном масле на сильном огне в течение 5-10 минут до румяности. Добавить нарезанный лук, обжарить вместе с бараниной.

Налить воду, чтобы накрыло баранину и тушить на маленьком огне в течение 40 минут. Затем добавить томатную пасту, крупно нарезанную айву, вино, хмели-сунели, соль, перец и варить до готовности.

2 pounds of lamb meat
2 quinces
2 onions
1 cup of dry red wine
6-7 tablespoons of tomato paste
1/2 teaspoon of cumin
1/2 teaspoon of khmeli-suneli
4 tablespoons of vegetable oil
salt, pepper to taste

Cut lamb into pieces, fry it in vegetable oil with cumin over high heat for 5-10 minutes until golden. Add diced onions and fry together with lamb.

Pour water, to cover the lamb meat and simmer over low heat for 40 minutes. Then add tomato paste, cut in big pieces quince, wine, khmeli-suneli, salt, pepper and cook until tender.

1 курица
2 луковицы
2 столовые ложки томатной пасты
4-5 помидоров
2 столовые ложки винного уксуса
1/2 стакана красного сухого вина
4 столовые ложки растительного масла
1/4 пучка кинзы
1/2 чайной ложки хмели-сунели
красный и черный перец, соль по вкусу

Для приготовления чахохбили курицу промыть, разрубить на небольшие куски и обжарить в неглубокой кастрюле с разогретым маслом. Положить туда мелко нарезанный лук, прожарить, добавить помидоры, прожарить. Затем добавить томатную пасту и воду, чтобы накрыла курицу. Добавить хмели-сунели, соль, красный и черный перец.

Затем кастрюлю закрыть крышкой и тушить на слабом огне 45-60 минут.

За 3 минуты до готовности добавить винный уксус, вино и кинзу.

1 chicken
2 onions
2 tablespoons of tomato paste
4-5 tomatoes
2 tablespoons of wine vinegar
1/2 glass of dry red wine
4 tablespoons of vegetable oil
1/4 bunch of cilantro
1/2 teaspoon of khmeli-suneli
red and black pepper, salt to taste

To prepare chakhokhbili, rinse the chicken, cut it into small pieces and fry in a shallow pan with hot oil. Put there finely chopped onions, sauté them, add tomatoes, sauté. Then add tomato paste and water to cover the chicken. Add khmeli-suneli, salt, red and black pepper.

Then cover the pot and simmer over low heat for 45-60 minutes.

3 minutes before it is done, add vinegar, wine and cilantro.

2 фунта филе лосося
любое белое вино
1/2 чайной ложки перца горошком
1/2 чайной ложки семян кориандра
соль, черный перец по вкусу

Филе лосося залить белым вином так, чтобы покрыло рыбу. Добавить семена кориандра, душистый горошек. Поставить вариться.

После закипания варить 5-7 минут.

2 pounds of salmon fillets
any white wine
1/2 teaspoon of peppercorns
1/2 teaspoon of coriander seeds
salt and black pepper to taste

Cover salmon filet with white wine. Add coriander seeds, peppercorns. Put it to cook.

After it starts boiling, cook for 5-7 more minutes.

1.3 фунта филе осетра (или любой другой рыбы)
10 унций очищенных креветок
1/2 фунта шампиньонов
1 фунт свежих помидоров
2 столовые ложки растительного масла
1 стакан тертого сыра моцарела
соль, черный перец по вкусу

Для соуса: 2 чашки сливок 20% жирности
1-2 луковицы
1 стакан любого белого вина
3 унции сливочного масла
3-4 столовые ложки пшеничной муки

Грибы нарезать небольшими кусочками.
Нарезанное на порции филе рыбы посолить, слегка
поджарить в масле, уложить в форму для
запекания. Сверху выложить грибы, креветки,
нарезанные кружочками помидоры, залить соусом
и посыпать тёртым сыром. Запекать в духовке
20-25 минут при температуре 430 F.

Соус: репчатый лук мелко нарезать и
пассеровать. В ту же сковороду налить вино и
выпаривать, пока объём жидкости не уменьшится в
три раза. Влить сливки и держать соус на
небольшом огне ещё 10 минут. Затем добавить
обжаренную на сливочном масле муку, тщательно
размешать, ещё раз довести до кипения, посолить и
процедить.

Sturgeon Kremlin Style

1.3 pounds of sturgeon fillet (or any other fish)
10 ounces of peeled shrimp
1/2 pound of mushrooms
1 pound of fresh tomatoes
2 tablespoons of vegetable oil
1 cup of shredded mozzarella cheese
salt and black pepper to taste

For the sauce: 2 cups of cream with 20% fat
1-2 onions
1 cup of any white wine
3 ounces of butter
3-4 tablespoons of wheat flour

Cut mushrooms into small pieces. Salt cut into pieces fish fillets, lightly simmer them in oil, put in a baking dish. Top with mushrooms, prawns, cut in rounds tomatoes; pour the sauce and sprinkle with grated cheese. Bake in an oven for 20-25 minutes at 430 F.

Sauce: finely chop the onion and sauté. In that same pan pour wine and evaporate until the volume of fluid is reduced threefold. Pour the cream and keep sauce on low heat for another 10 minutes. Then add flour fried in butter, stir thoroughly, bring to a boil once again, add salt and drain.

2 форели
10 стеблей тархуна
сухое белое вино
5 унций сливочного масла
соль, перец, душистый горошек по вкусу

Рыбу внутри натереть солью, перцем.
Положить внутрь стебли тархуна. Выложить на дно
широкой кастрюли. Залить вином так, чтобы
покрыло рыбу, добавить масло, душистый горошек.
Варить до готовности.

2 trouts
10 stems of tarragon
dry white wine
5 ounces of butter
salt, pepper, peppercorns to taste

Rub inside of the fish with salt and pepper. Put in stems of tarragon. Lay it on the bottom of a wide pan. Pour wine to cover the fish, add butter, peppercorns.
Cook until tender.

Картофельное пюре по-французски

2 фунта картофеля
3 головки чеснока
1 стакан молока
4 унции сливочного масла
3 пучка шпината
1/2 пучка петрушки
соль, перец по вкусу

Картофель разрезать на 4 части и сварить.
Чеснок разделить на зубчики и опустить на
2 минуты в кипящую воду. Остудить и очистить.
Растопить на сковороде 2 унции сливочного масла,
положить зубчики чеснока и томить на медленном
огне 20 минут. Посыпать чеснок мукой,
перемешать, постепенно влить кипящее молоко.
Посолить, поперчить. Измельчить чеснок в
блендере, вылить обратно на сковороду, чуть
потомить и снять с огня.

Готовый картофель измельчить в пюре в
блендере, выложить массу на разогретую
сковороду, снятую с огня, постепенно вмешать
2 унции сливочного масла. Посолить, поперчить,
залить чесночным соусом и посыпать
измельченной петрушкой.

Приготовить в пароварке листья шпината и
выложить их на блюдо. Сверху выложить
картофельное пюре.

Mashed Potatoes French Style

2 pounds of potatoes
3 heads of garlic
1 cup of milk
4 ounces of butter
3 bunches of spinach
1/2 bunch of parsley
salt and pepper to taste

Cut potatoes into 4 pieces and cook.

Garlic divide into cloves and put them in boiling water for 2 minutes. Cool and clear. Melt 2 ounces of butter in a skillet, put the garlic cloves and simmer over low heat for 20 minutes. Sprinkle garlic with flour, stir, slowly pour in the boiling milk. Season with salt and pepper. Mince garlic in the blender, pour back into the pan, heat and then remove from the fire.

Chop cooked potatoes into a puree in a blender, put the mass on the heated pan, and gradually stir in 2 ounces of butter. Salt and pepper, pour garlic sauce and sprinkle with chopped parsley.

Cook spinach leaves in a double boiler and lay them on a dish. Top with mashed potatoes.

1 кочан капусты среднего размера
1 стакан молотых грецких орехов
1 пучок кинзы
3-5 зубчиков чеснока
1 крупная луковица
1/2 чайной ложки хмели-сунели
1 столовая ложка винного уксуса
соль, перец по вкусу
гранат (для украшения)

Отварить порезанную на крупные куски капусту. Не переваривать! Дать стечь воде, остудить.

Капусту пропустить через мясорубку. Чтобы закуска не получилась водянистой, удалить из капустной массы излишнюю жидкость.

Пропустить через мясорубку орехи, кинзу, чеснок, лук. Можно воспользоваться блендером. Все хорошо перемешать. В полученную массу добавить соль, приправы, уксус.

Украсить пхали зернами граната. Убрать закуску в холодильник на пару часов.

Пхали очень вкусная холодная закуска, которую можно намазать на хлеб, лаваш или подавать как самостоятельное блюдо.

3 zucchini
1/2 cauliflower
3 carrots
1 bunch of dill
1 cup of shredded mozzarella cheese
1 egg
1 cup of flour
1 tablespoon of vegetable oil
salt and pepper to taste

Grate zucchini, carrots, cauliflower. Add chopped dill, cheese, egg, flour. Mix well. Transfer it to a greased with vegetable oil baking dish.

Bake in an oven preheated to 400 F for 40-45 minutes.

After baking, allow to cool.

Десерты
Desserts

8 унций масла
1 1/2 стакана сахарного песка
4 яйца
1 1/2 стакана мацони или кефира
1 чайная ложка соды
2 1/2 стакана муки
2 фунта вишни без косточек

Сливочное масло смешать с сахаром. Перемешивая, добавить яйца, мацони, соду и муку.

Равномерно выложить тесто на противень или в форму для выпечки. Наверх выложить вишню.

Выпекать в заранее разогретой до 350 F духовке 40-45 минут.

Проверить готовность теста зубочисткой.

Pie from Sour Cherries

8 ounces of butter
1 1/2 cups of granulated sugar
4 eggs
1 1/2 cups of yogurt or buttermilk
1 teaspoon of baking soda
2 1/2 cups of flour
2 pounds pitted cherries

Mix butter with sugar. While mixing, add eggs, yogurt, soda and flour.

Evenly spread the dough on a baking sheet or in a baking dish. Spread cherry on the top.

Put the cake with cherries in an oven preheated to 350 F for 40-45 minutes.

Check the readiness with a toothpick.

Тесто:
2 яйца
1 стакан сахарного песка
4/5 стакана сметаны
1/2 банки сгущенки
1 стакан муки
1/2 чайной ложки пищевой соды
1 столовая ложка уксуса
2 столовые ложки какао

Крем:
1/2 банки сгущенки
1 столовая ложка какао
5 унций масла

В миске смешать яйца с сахарным песком.

Сметану положить в стакан и добавить к ней соду и уксус. Добавить ее в миску с яйцами и песком, перемешивая. Добавить к смеси пол банки сгущенки и какао. Все хорошо размешать и вылить тесто в промасленную форму для выпекания.

Печь около 45 минут при 350 F.

Крем: смешать размягченное масло со сгущенкой и какао.

Вынув корж из печки, подождать пока он остынет и разрезать на 2 слоя. Смазать кремом нижний слой и покрыть его верхним слоем. Оставшимся кремом смазать верх и бока торта.

Украсить хлопьями шоколада и грецких орехов.

Dough:
2 eggs
1 cup of sugar
4/5 cup of sour cream
1/2 can of sweetened evaporated milk
1 cup of flower
1/2 teaspoon of baking soda
1 tablespoon of vinegar
2 tablespoons of cocoa

Cream:
1/2 can of sweetened evaporated milk
1 tablespoon of cocoa
5 ounces of butter

In a bowl mix eggs with sugar.

Pour sour cream in a cup and add to it baking soda and vinegar. While mixing, add it to a bowl with eggs and sugar. Add to the mix half can of sweetened evaporated milk and cocoa. After mixing well pour the dough in the greased baking pan.

Bake in oven for about 45 minutes at 350 F.

Cream: mix softened butter with evaporated milk and cocoa.

After getting cake from the oven wait till it cools down and cut it in 2 layers. Spread cream on the lower layer and cover it with the top layer. Spread all the remaining cream on the top and on the sides of the cake.

Decorate cake with flakes of chocolate and walnuts.

Словарь
Vocabulary

Англо-русский словарь специй и круп

A

amaranth - амарант, щирица
anise - анис

B

barley - ячмень
whole grain barley - зерна ячменя
basil - базилик
bay leaf - лавровый лист
buckwheat - гречиха, гречневая крупа
bulgur (cracked wheat) - булгур (дробленная пшеница)

C

capers - каперсы
caraway - тмин
cardamom - кардамон
carob - рожковое дерево
catnip - кошачья мята
cayenne pepper - кайенский перец
celery - сельдерей
chicory - цикорий
chili pepper - перец чили
chives - полевой дикий лук
cilantro/coriander - кинза, кориандр
cinnamon - корица
citric acid - лимонная кислота
clove - гвоздика

corn/maize - кукуруза
cornmeal - кукурузная крупа, полента
couscous - кускус (название крупы)
cumin - зира
curry - карри

D
dill - укроп

E
einkorn (wheat) - однозернянки

F
farro/emmer (an ancient strain of wheat) -
- фарро/ эммер
fennel - фенхель, сладкий укроп
fenugreek - пажитник
flaxseed - льняное семя
flour - мука

G
garlic - чеснок
gelatin - желатин
ginger - имбирь
green onion - зеленый лук

H
horseradish - хрен

J

juniper - ягоды можжевельника

K

kamut (wheat variety) - пóлба
khmeli-suneli - хмели-сунели

L

lavender - лаванда
lemongrass - лимонная трава
licorice - лакрица, солодка

M

marjoram - майоран
millet - просо, пшено
mint - мята
mustard - горчица

N

nutmeg - мускатный орех

O

oatmeal - овсянка
oats - овес
rolled oats - овсяные хлопья
onion - лук
oregano - орегано, душица
orris root - фиалковый корень

P

panicum - просо
paprika - паприка
parsley - петрушка
pepper - перец
peppercorns - перец горошком
pearl barley - перловая крупа
poppy seeds - мак

Q

quinoa - киноа, квиноя, лебеда

R

rice - рис
brown rice - коричневый рис, цельный рис
wild rice - дикий рис
rosemary - розмарин
rye - рожь

S

saffron - шафран
sage - шалфей
salt - соль
semolina - манная крупа
satureja - чабер
sesame - кунжут
sorghum/milo - сорго (хлебный злак)
spelt - спельта, пшеница спельта

sprouted grains - проросшие зерна
star anise - бадьян
sumac - сумах
sweet pea - душистый горошек
szechuan pepper - сычуаньский перец

T

tamarind - тамаринд
tarragon - эстрагон, тархун
teff - метличка абиссинская GF
thyme - тимьян, чабрец
triticale - тритикале (гибрид пшеницы и ржи)
turmeric - куркума

V

vanilla - ваниль

W

wasabi - васаби, японский хрен
watercress - кресс водяной, садовый хрен
wheat - пшеница
wheat berries/kernels - ядро пшеничного зерна

Z

zest - цедра

А
амарант, щирица - amaranth
анис - anise

Б
бадьян - star anis
базилик - basil
булгур (дробленная пшеница) - bulgur (cracked wheat)

В
ваниль - vanilla
васаби, японский хрен - wasabi

Г
гвоздика - clove
горчица - mustard
гречиха, гречневая крупа - buckwheat

Д
дерево рожковое - carob
душистый горошек - sweet pea
душица, орегано - oregano

Ж
желатин - gelatin

З
зерна проросшие - sprouted grains

зира - cumin

И
имбирь - ginger

К
каперсы - capers
кардамон - cardamom
карри - curry
кинза, кориандр - cilantro, coriander
киноа, квиноя, лебеда - quinoa
корица - cinnamon
кресс водяной, садовый хрен - watercress
кукуруза - corn/maize
кукурузная крупа, полента - cornmeal
кунжут - sesame
куркума - turmeric
кускус - couscous

Л
лаванда - lavender
лавровый лист - bay leaf
лакрица, солодка - licorice
лебеда, киноа, квиноя - quinoa
лимонная кислота - citric acid
лимонная трава - lemongrass
лук - onion
лук дикий полевой - chives
лук зеленый - green onion
льняное семя - flaxseed

М

майоран - marjoram
мак - poppy seeds
манная крупа - semolina
метличка абиссинская - teff
можжевельника ягоды - juniper
мука - flour
мускатный орех - nutmeg
мята - mint
мята кошачья - catnip

О

овес - oats
овсянка - oatmeal
овсяные хлопья - rolled oats
однозернянки - einkorn (wheat)
орегано, душица - oregano

П

пажитник - fenugreek
паприка - paprika
перец - pepper
перец горошком - peppercorns
перец кайенский - cayenne pepper
перец сычуаньский - Szechuan pepper
перец чили - chili pepper
перловая крупа - pearl barley
петрушка - parsley
пóлба - kamut (wheat variety)
просо, пшено - millet

просо - panicum
пшеница - wheat
ядро пшеничного зерна - wheat berries/kernels

Р

рис - rice
рис коричневый , цельный - brown rice
рис дикий - wild rice
рожковое дерево - carob
рожь - rye
розмарин - rosemary

С

солодка, лакрица - licorice
соль - salt
сельдерей - celery
сорго (хлебный злак) - sorghum/milo
спельта, пшеница спельта - spelt
сумах - sumac

Т

тамаринд - tamarind
тархун, эстрагон - tarragon
тимьян, чабрец - thyme
тмин - caraway
тритикале (гибрид пшеницы и ржи) - triticale

У

укроп - dill
укроп сладкий, фенхель - fennel

Ф

фарро/ эммер -
- farro/emmer (an ancient strain of wheat)
фенхель, сладкий укроп - fennel
фиалковый корень - orris root

Х

хмели-сунели - khmeli-suneli
хрен - horseradish
хрен садовый, кресс водяной - watercress
хрен японский, васаби - wasabi

Ц

цедра - zest
цикорий - chicory

Ч

чабер - satureja
чабрец, тимьян - thyme
чеснок - garlic

Ш

шалфей - sage
шафран - saffron

Я

ячмень - barley
зерна ячменя - whole grain barley

Measures
Меры

Oven Temperatures

°C	°F	Oven
90	220	Very Cool
110	225	Cool
120	250	Cool
140	275	Cool - Moderate
150	300	Warm Moderate
160	325	Medium
180	350	Moderate
190	375	Moderate – Hot
200	400	Fairly Hot
215	425	Hot
230	450	Very Hot
250	475	Very Hot
260	500	Very Hot

Quick Volumes

Pinch is less than 1/8 teaspoon
1 metric teaspoon = 5 ml
1 metric dessertspoon = 10 ml
1 metric tablespoon = 15 ml
1 metric cup = 250 ml
1,000ml = 1 L(litre) = ~ 1 ¼ pints

Weight Volume: 1 pound flour = 3 ½ cups
1 pound sugar = 2 ¼ cups
One Stick of butter is ¼ pound or about 110 grams.

67

Framed paintings used in illustrations of the book are actual art pieces by Svetlana Bagdasaryan.
www.artcbeta.com